Christian Tullin

Die Schönheit der Schöpfung

Christian Tullin

Die Schönheit der Schöpfung

ISBN/EAN: 9783743363731

Hergestellt in Europa, USA, Kanada, Australien, Japan

Cover: Foto ©ninafisch / pixelio.de

Manufactured and distributed by brebook publishing software (www.brebook.com)

Christian Tullin

Die Schönheit der Schöpfung

Die Schönheit der Schöpfung

in Absicht auf die
Ordnung und den Zusammenhang
der
Geschöpfe.

Aus dem Dänischen
des Herrn
Christian Bromann Tullin
ins Deutsche übersezt
von
Peter Kleen.

Kopenhagen 1765.
Zu finden bey der Witwe Rothen und Proft.

In dieser stillen Ruhe, wo das Leben in sanfter Ohnmacht hinsinkt, wo Sinne und Ueberlegung der Phantasie weichen, wo der Sklav in seinen Fesseln Königreiche träumet, und die Götter der Erden wieder Menschen werden — was suchest du da, mein Geist? Ist der Einsamkeit Land der Seele Zeitvertreib? Ist der Dunkelheit stille Wohnung die Freystadt der Vernunft? Und können in dem fruchtbaren Schoos der Nacht zarte Gedanken ruhig zu Wahrheiten aufwachsen?

Ja! allmac̣. ᷾e Nacht! stehe du mir wieder bey! die du vv.   s meine Seele lehrtest, daß der Schwarm nur   oren zeuge — dich, Mutter der Wahrheit, wähle ich, Mutter meines Gesanges und Zeugin gegen meinen Freund zu seyn.

Wie

Wie mild' ist deine Ruhe! wie reich an kostbaren Wahrheiten deine Einsamkeit! du, dessen schwarze Fittige die Gespenster des Tages verhüllen, welche die Tugend oftmals schrecken, und die Sinne zum Streite wider die Seele auffordern — — komm, Lehrerinn der Weisheit, zünde in meinem Verstande ein so sternenhelles Licht an, als du dort oben anzündest, wo rund umher Myriaden Welten brennen, wo überall Weisheit, Ordnung und Pracht hervorleuchtet — — vertreibe den Tumult der Welt, stille den Orcan der Geschäfte; laß weder der Spitzfindigkeit Dunst, noch der Unwissenheit Nebel, noch falschen Witz, noch Aberglauben sich der mitternächtlichen Lampe nähern, welche ich für Philadon und für die Welt angezündet habe.

O! Philadon, dir hat meine Lampe schon einmal gebrannt: itz will meine Muse deinentwegen eine kühne Wallfahrt um den erschaffenen Kreis wagen; will, indem die Erde schläft, wachen,

wachen, um deine Seele zu lichten Flammen anzuzünden.

Ach! hätt' ich aus jener ewigen Welt einen Dollmetscher, der Popens Versuche mit Wahrheiten jener Philosophie vermehren könte, welche die Engel studieren, worin alle Baylens stärkste Zweifel aufgelöset sind! und könt' ich —— doch dies vermag nur die Sprache der Engel —— könt' ich erzählen, was die sehen, welche hinter dem Vorhang hineinschauen, in die Uhr der Natur schauen, und sehen, wie richtig, wie abgemessen das kleinste Rad zum Besten der Welt gehet!

Aber schweige, verwegener Wunsch! —— —— So leihe denn du, o Young, mir deine Feder, welche die Andacht dir reichte und der Schmerz dir schärfte, diese Feder, die so tief in Lorenzos Herz hineinschrieb, daß ihre Schrift noch iz mit heiligem Glanze vorleuchtet. Dann will ich meinen Flug dahin nehmen, wo Witz bey der Andacht wohnet und des Philosophen Mund soll Davids Harfe werden, wenn ich, gleich dir begeistert, Engelpsalmen schreiben und meinem Freunde singen kann: Gott ist weise und groß.

Doch muthig, mein Geist! — So groß deine Schwäche, so reich dein Gesang, so stark die Beweise. Jeder deiner Schritte ist mit Wunderwerken der Weisheit besäet, und selbst der Staub reichet dir zum Lobe Gottes die Posaune.

Der todte Klumpen, welcher dort der Möglichkeit entsprang, der Sohn des Nichts, der von dem Vater der Ewigkeit in tausend Graben Leben, Bewegung und Form erhielt, als Zeit und Raum und Ort und Dauer gebohren wurden; der weite Umkreis, worin Materie und Geist von unterschiedener Gattung und Art auf Stuffen emporsteigen; einander immer ähnlicher, doch niemalen ganz ähnlich, alle aber

Glie-

Glieder an derselben Kette; wo Welten in Haufen um andre Welten sich drehen; sich so drehen, daß der Wirbel der einen, den Wirbel der andern drücket, und dennoch keine Kugel nur um einen Sonnenstaub verrückt wird, weit weniger der geringste Staub seit Ewigkeiten umgekommen ist —— —— Dieser Klumpen, dieser Kreis, dies All, worin keine Gränzen sind, vermag es, o Philadon, deine Seele bis zur Andacht zu rühren; so soll jeder Atome dir beweisen, daß dort alles Weisheit, Kunst und Pracht und Ordnung ist.

Komm, o Nacht, und rede nun an meiner Stelle, deine Allmachts-Sprache. Laß die Wunder, welche du, bey Myriaden an den Himmeln verbreitest, erzehlen, wer Er ist, der jenes Sternenheer geordnet hat.

Erstaunt steht die Vernunft bloß durch den Glanz, welcher sich in meinem Gesichtskreise sehen läßt

läßt — — nur ein kleiner Fleck des Ganzen — — und doch so groß in seinem Umfange, wie in seinen mindesten Theilen, daß selbst das Auge der Seele kaum mehr zu sehen, sich erkühnet.

Welche Reise von hier bis zu jenem Plaͤtzchen! von diesem hinauf zu jenem bleichen Faͤckeln! welcher Anblick, einen Schimmer bis zu Mirakeln aufgeklaͤret zu finden, die bloß ein unerschaffener Geist abmißt und uͤberſieht.

Nimm die Schwingen des Lichts und fleug mit ununterbrochenem Fluge ein Welt=Alter durch, von einer Kugel hinauf zu einer andern. Zaͤhle Sonnen und Welten dort, wo vorher nur Puncte ſtanden, und ſiehe die erſte Sonne im Geſichtskreiſe erloͤſchen! dann denke, dein Flug ſey geendet; aber wiſſe, du haſt einen neuen Weg vor dir, wo Heere von Welten wimlen, einen eben ſo endloſen, als der war, wo du herkamſt — — Allmaͤchtiger Gott! mir ſchwindelt; auf dieſer

dieſer Höhe der Almacht ſinken alle meine Denkungskräfte.

So groß biſt du, o Nacht! — doch nicht gnug, daß deine Wunder nicht mit Gedancken umfaßt, daß dieſes Heer der Almacht nicht mit Zahlen berechnet werden kann; nein, nenne mir den Verſtand, der dieſes Heer regiert.

Solten todte Atome ſich ſelbſt das Leben eingehaucht, und in einem verwirrten Streit wieder einander ſo lange geſtürmet haben; bis nicht durch ein überlegtes, ſondern durch ein bloß zufälliges Werde, der ganze Kreis der Natur ſo ordentlich geformet ward. Solte der Zufall einen Stern und einen Milbe mit ſolcher Ueberlegung gebauet haben, daß wenn der erſte im ſchnellen Fluge durch ſeine Bahn dahin brauſt, die andere nicht zerquetſcht wird? — Verdient dies wohl eine Frage? Ich ſinge nicht für Vieh.

Groß ist die Allmacht, welche mein Gesang itzt anbetet, und wer kann sie recht besingen? —— Kaum dürfen Engel solches wagen. Aber Weißheit, du, welche die Gesetze der Bewegung schrieb, und die Uhr der Welt stellete, wie groß bist auch Du! die Vernunft siehet nur wenig von der Anordnung, nach welcher alles regieret wird; ihr ist das meiste ein Räthsel; doch was sie siehet, ist ihr genug, Beweis genug, daß der Beste, der Allerweiseste, die Wahl getroffen hat.

Waren es erschaffene Finger, welche eine so künstliche Uhr bauten, als unser Planetensystem, daß stets sich umdrehet, nie sich abnüzt, und stets in gleich Gewichte bleibet? Ja! Welten selbst vergiengen, wofern nur ein Dunst vergienge. Sind Kräfte von Millionen einen Augenblick hinreichend nur einen einzigen dieser Atlas-Körper zu tragen, die auf der bloßen Luft sich dort oben wälzen, und durch gegenseitigen Zug und

Stoß

Stoß beysammen stehen? gleichwol wird alles dorten — woburch? — woburch? — o Freund! — — durch das weise Gesetz der Ordnung gehalten. Solte diese ihre Vorsorge einer Mücke entziehen, so würde sofort jede Welt aus dem Punkt ihres Gleichgewichtes zurück in das Chaos stürzen.

Dieses der Ewigkeit Gesetz, dies Grundgesetz der Schöpfung theilte den Thierkreis ab, und schrieb auf den abgemessenen Ruthen: In dieser Bahn laufe du, Erde, und mit dir deine benachbarte Kugeln, und mache meine Herrlichkeit der Welt offenbar. Im Cirkul dieser Kugeln — die Almacht kennt nichts leeres — — ließ es, aus Liebe für alle Wesen, einen Mittelpunkt von Feuer entstehen, und gebot ihm: vertheile rund um her die Wärme, das Licht und die Fruchtbarkeit, die jedes bedarf. Der Zeitraum eines jeden einzelnen Jahres, ja noch mehr, jede Stunde, jede Secunde wurde so genau abgezirkelt, daß der Mensch auf dem Grunde dieser

Ord-

Ordnung der Planeten-Prophet werden und zu der Welten jährlichen Wege die Reise-Charte schreiben kann.

O schäme dich, Philadon, wenn du die Wahrheit bloß glaubst, welche die Nacht dir so mathematisch beweiset! Hast du nicht hier Euklidische Beweise? So glaub es dann nicht blos, sondern sieh und fühl es, daß Gott groß ist. Ja brenne von heiligem Lobe so hell, als die Pracht der Nacht. Brenne stärker als Orion, du brennest nie allein. Die Nacht giebt Gesellschaft gnug, und nicht die Nacht alleine; nein, das Schauspiel der Ordnung hat mehr denn einen Act.

Schon eröfnet sich ein neuer, und in dieser Stunde der Mitternacht (*) ladet bereits der
Morgen=

(*) In dieser Stunde der Mitternacht ist ein Zusaz, der folgende Veranlassung hat. Der seelige Tullin hatte in seinem Manuscript gesezt, die Mitternachts-Lerche. Die Gesellschaft welche seinem Gedichte

Morgen-Lerche Flug Philadon ein, auf neue Wunder zu schauen, wie die Nacht stirbt, und alle Fackeln des Himmels, in der Gebuhrtsstunde des Tages, durch ein stärkeres Licht verlöschet werden.

Prediger der Allmacht! so lieblich wie deine Stimme, ist dieser neue Act, dessen Inhalt du verkündigest; wie dein Gesang, harmonisch, begin-

dichte den Preis zu erkannte, änderte dieses in Morgen-Lerche. Der Dichter war mit dieser Aendrung unzufrieden, weil die Lerchen in Norwegen des Nachts um 12 Uhr zu singen anfangen, und wenn sie die Ankunft des Morgens verkündigen solten, auch schon vor Anbruch des Tages singen müsten. Vielleicht hätte die Gesellschaft noch antworten können, daß noch immer der Lerche das Prädicat Morgen-Lerche von dem Entzweck ihres Gesanges, nemlich den Tag zu verkündigen, ohne Rücksicht auf die Stunden ihres Gesanges, zu käme. Da ich es nicht habe wagen dürfen, im deutschen Mitternachts-Lerche zu gebrauchen, so unterwerfe ich es den Ausspruch des Publicums, ob ich glücklich gnug gewesen bin, durch meinen Zusatz den Dichter mit seinen Kunstrichtern zu vereinigen.

beginnet die Morgendämmerung und von der östlichen Seite des Himmels her leuchtet Weisheit.

Welche Ordnung, welcher Zusammenhang, welche Harmonie ist in dieser Zwischenzeit, in diesen Halblichte, daß zwischen Licht und Dunkel hindurch bricht, und ehe daß Licht selbst da ist, die ganze Natur durch Dämmerung erfreuet.

Wenn der Glanz der Sonne mit einemmale aus dem Schoos der Dunckelheit hervorbräche, wie gefährlich würde ihr Feuer dem Auge der Geschöpfe seyn! — — wenn selbst die Stralen des Mittags Licht und Wärme nur dürftig anböten, wie schwach würde eine Sonne unsere Erde erfreuen! Nein! Er, der das Licht schuf, war weise. Der Gott, welcher in der Ordnung der Geschöpfe keinen Sprung zuläßt, gebot einer Atmosphäre, der Sonne Stralen zu brechen, und der Erde das Licht nach Graden auszutheilen. Sofort

fort brach am Himmel der Schein erhellter Dünste durch, und das Auge wurde durch Schimmer zum Lichte vorbereitet. Gebrochene Stralen verbreiteten sich über die Hälfte der Erde, und der Tag schritt fort und verschwand auf mehreren Stuffen. Des Himmels zwarzer Abgrund, empfing wechselsweise Farben, und von des Lichtes Gegenschein ward der Horizont mit azurnem Grunde gemahlet, worin Gold und Purpur prangeten: Also ward der Himmel, noch ehe der Tag anbrach, ein Paradis der Augen.

Vieleicht ist Philadon noch den Otterschlangen ähnlich, vieleicht verstopft er seine Ohren, wenn durch des Lichtes Schimmer und des Morgenthaues Tropfen ihm das Werk der Schöpfung zuruffet, daß ein allweiser Verstand dort alles geordnet hat: Laß die Welt taub seyn, ich aber schweige nicht. Die Weisheit ist zu groß, deren Ordnung ich verkündige. Groß war der letzte Act; ein größerer fängt nun an. Ich
zittre,

jittre, Philadon — — — — o! jittre auch du!

Schau, dort sendet die große Seele des Lichts, die Königin der Sterne ihren güldenen Stralenglanz hinter des Berges Gipfel hervor. O Gott! schon der bloße Schein zündet den Himmel an! Was wird geschehen, wenn sie selbst itzt da ist. — — Ja schaudre nur bey dem Glanz, in welchem sie emporsteiget — — Hast du die große Mutter des Lichts gesehen und gemeßen? Schmilz Millionen Kugeln, groß wie unsere Erde, zu einem Feuer zusammen; und dann miß den Körper der Sonne ab.

Erschrecklicher Brand! ungeheure Majestät! o zittre, kleine Erde! erschrecket, ihr Planeten! vor diesem Riesenkörper, der von Cometen genähret wird, und was sich ihm zu sehr nähert, zum Cometen anzündet. Wer lösche sein Feuer aus? Kann diesen Feuerberg, wenn er dort

dort oben aus seinem Gleichgewichte schreiten sollte, das Wasser aller Wolken, die Macht aller Welten aufhalten, daß er nicht niederfalle und alles in Brand setze.

Aber fürchte nichts, Philadon, du schläfest ganz sicher. Laß den Feur-Ocean am Firmamente brennen. Noch ehe die Sonne wurde, hat jene Weisheit, welche mein Gesang dich will kennen lehren, schon deine Furcht durch ihre Fürsorge unnöthig gemacht. Als ihre schaffende Stimme zum Lichte sprach: Werde; sprach sie zugleich: "Sonne, hier sind deine Gränzen ab-
" gemessen; Sey mancher Welt Licht; Erleuch-
" te dort alles; Sey aber nicht deines Bezirks
" Schrecken, sondern seine Lust, sein Licht und
" Leben.

Wie! fühlest du nicht Licht und Wärme in deiner Seele? fühlest du nicht einen Stral von Ihm herunter, der alle diese Fackeln in ihren

B   Syste-

Syſtemen jede an denjenigen Punkt befeſtigte, daß die Flammen niemals drohen, und doch zum algemeinem Wohl der Natur Wärme gnug geben? Durch ſeinen almächtigen Winck wird ſelbſt Hölle zu Wolluſt. Aus einem Feuer des Entſetzens flieſt Vergnügen auf die Geſchöpfe. Zehn tauſend Welten in Flammen ſind ein Schauſpiel dem Auge, und in dir, nicht zu ertragender Glanz, wohnet Leben.

Kniee nun Bewohner der Morgenländer vor der Königin des Himmels. Ja, kann eine Creatur die Ehre der Götter verdienen; ſoll gegen Pracht und Hoheit die Demuth eine Pflicht ſeyn; ſo beuge dich vor dieſem Glanze! — — Mich wundert es nicht — bloß ſchon die Pracht des Vorboten flöſte Ehrfurt ein. Aurora kam, öfnete die Pforten des Himmels, und ſogleich verlohr ſich der dicke Dunſt der Nacht in güldnen Wolcken, und der Königliche Weg der Sonne ward mit Purpurroſen beſtreuet. Zephyr ging voran,

voran, machte die Luft rein, und goß über alle Pflanzen einen milden Perlenthau aus, dessen kühler Nahrungssaft mehr und mehr durch der Sonnen fruchtbares Feuer in jeder Saft-Röhre ausgebreitet wurde.

Fahre hin, liebenswürdige Nacht, meine Lehrerin und Freundin! deine Herrlichkeit verschwand, doch nein! sie ward in größere Herrlichkeit verwandelt; denn als deine Pracht entwich, empfing die Natur eine andere zweyfältig wieder. Meiner Lampe dunkler Schein und deiner Lampen Glanz wurden zu gleicher Zeit von dem stärkeren Licht des Tages verdunckelt, da die Sonne das Land des Todes zu einem Paradis, und die stille Ruhe des Schlafes in Leben, in Gesang und in Tanz verwandelte.

Wie erhebt sich nunmehr mein Gesang! eine neue Natur steht auf, in sichtbare Almacht gekleidet, vorhin mit Nacht bedecket. Hier tritt eine

eine Welt hervor, durch das Licht der Sonne aus ihrem Dunklen hervorgezogen, wie dort durch den Frühling der ersten Schöpfung. O Gott! wie almächtig erscheint Alles! Reiche mir tausend Augen und laß mich meine Blicke theilen — — Was soll ich zuerst beschauen? — — einen Berg? — — eine Mücke? — — — das Ganze? — — — da Berg und Mücke und das Ganze gleich voll von Gott ist? Ich weiß nicht, was in aller dieser Herrlichkeit, mit einem einzigen Blicke entdecket, das Gröste ist, ob die Ordnung oder die Pracht: Jeder Theil ist groß für sich; und alle zusammen genommen Beweisen nur aufs neue, was schon jeder Theil gesagt hat.

Sey du, dem Himmel benachbartes Gebirg, zu meiner Betrachtung erkohren: Du Schuzwehr gegen die Macht des Sturmes, du, der Wasser-Quellen Mutter, des Reichthums Vorraths-Cammer und der Fruchtbarkeit Bruder, du
Ge-

Gebürge, das deinem Thale Sonne und Licht und Nässe austheilet! erzähle deines Schöpfers Kunst! — — — doch das Thal ist zu schön. Mein Auge fliegt dahin, wo Edens Flora zwischen Blumen umher wandelt, und mit jedem Schritt die prächtige Tracht deines Ordens verändert, itzt gelb, nun roth, dann grün. Können Sinne und Verstand noch größere Lust genießen? Das Werk der Weisheit, — — — es steiget vieleicht bis ins Unendliche! O Thal! ja du bist schön, aber höre, dein Schöpfer redet:

" Die kleinste deiner Blumen hat ein
" Thal; so schön wie du, dies Thal ist
" wieder mit Saamen gefüllet, dessen
" kleinstes Körnchen in seinem Punkt zehn
" tausend neue Hälmchen einschließet,
" deren Körnchen wiederum Mütter von
" Millionen sind.

Nun zermalme ein Senfkorn und sieh eine Welt sterben.

Wo bleibſt du Philadon? Ich verliere dich und mich in dieſer Fruchtbarkeit, welche die Sinne überſteiget. Vorher ruften die Himmel, nun rufen die Erden eben ſo laut: die Kette der Geſchöpfe iſt dem Weſen unſers Schöpfers gleich! Alles, wohin du ſieheſt, iſt gedrängt voll von Leben, kein einziger Raum leer, ſondern Alles wimmelt, eins immer voll höhern Lebens, als das andere. Aus ſeinem Schöpfungsworte floß Seele durch alle Himmel bis zum Mittelpunkt der Erde. Jedem Geſchöpf ward Form, Nahrung und Bezirk ſo ordentlich zugetheilet, daß alle das Beſte, jedes nach ſeiner Beſtimmung, haben. Allenthalben ſtehen ſie, ihre zahlloſen Geſchlechter, ſo wie die zählbaren, gleich einem gemuſterten Heere, in Ordnung.

Steh hier ſtille, mein Geiſt, und denke ſo weit du kanſt; ſo weit die Muthmaaßungen eines eingeſchränkten Geiſtes hin in das Gränzenloſe reichen können. Suche die Spur der Weisheit

heit auf, welche sich in allem diesem sehen läst. Selbst Erfahrung und Vernunft entwerfen den Plan für deine Muthmaaßungen.

Welch ein Zwischenraum von der bloßen Empfindlichkeit bis zum möglichst großem Verstand — — und hier ist kein leerer Raum — — — — Welche Grade der Vernunft vom Plato an, bis zu einem Affen, und von der Vorstellungskraft eines Affen bis zu einer Auster herunter! Welch ein Unterscheid der Größen von dem Körper des Leviathans an, bis zu dem kleinsten Insect, das durch kein Glas entdeckt wird. — Von der länge des Lebens, welches dem kronentragenden Hirsche zu Theile wird, bis zu demjenigen, welches das Ephemeron in einem Tage vollendet. Solte dieser große Raum vom untersten an, bis hinauf — — wer weiß, wie weit? — — angefüllet seyn? Solten Geist, Körper und Fähigkeiten gradweise bis zu der Zahl hinauf steigen, welche Niemand ausspricht?

— — Vernunft, Erfahrung, Sehglas und Auge sagen: Ja! Aber wer hat von der Kette der Schöpfung das Ende gesehen? Wo fängt zuerst der Geist an? wie weit reicht die Materie? Wo sind die Punkte, von welchen beyde sich gegen einander ausstrecken, und in welchem Punkte vereinigen sie sich endlich zu einem einzigen?

Hier stutzet jeder Begrif, die Vernunft schweiget, und die Denkungskraft verliehrt sich im Abgrund der Dunkelheit — — — Ja wessen Augen, der nicht selbst Schöpfer ist, können so etwas erreichen? da das Schauspiel der Engel nichts anders ist als ein größerer Schimmer. Gnug — Alles ist angefüllet. — — Welch ein Gedanke!

Nun frage, wer decket dieser großen Menge den Tisch? wer erhält sie alle die lange Ewigkeit hindurch, und wer verbindet sie durch ein Band der Ordnung zusammen in ein Ganzes?

Son=

Sonnen verwehen itzt und Erd-Kugeln zerstieben gegen diese der Vorsehung Wage, gegen diese Sorgfalt für das Ganze, diese Kunst, unendliche Theile nicht bloß in einer Sonne, sondern auch in einem Haare zu übersehen; sogar da, wo das Eine gegen das Andere streitet, wo Donner, Meer, und Sturm und Regen und Feuerflammen, mit Ueberschwemmungen mit Brand und Chaos drohen, dennoch alles, wie vorher, im Zusammenhange zu halten.

Fange vom Lenze der Welt an, und zähle jede Gattung von Geschöpfen, zähle itzt wieder nach, und sage, ob ein Geschlecht fehle. Wird nicht der Tod des einen durch das Leben des andern ersetzet? Also stehet jedes Dinges Leben und Tod täglich im Gleichgewichte.

Der Trieb zur Zeugung, welchen beyde Geschlechter fühlen, kann er ausgerottet, kann die Welt öde gemacht werden? Man hat die gebohrnen,

nen, man hat die gestorbenen gezählet, aber niemalen entdeckt, daß dem einen Geschlechte seine Gatten gemangelt hätten.

Woher rührt es, wenn unsere Erde Veränderungen leidet, daß theure Zeit, Pest und Krieg sie nicht ausleeren? Woher rührt es, daß Raubthiere nicht die Natur überschwemmen, und, obgleich der Wolf da ist, dennoch keine Schaafe mangeln.

Ja, jedes hat sein Gesetz, vom Cherub an, bis zur Milbe. Nichts ist zu klein, und nichts überflüßig. Der kleinste Sonnenstaub war in der Schöpfung so nöthig, als der unermeßliche Körper, welcher uns das Licht zusendet.

Schaue Philadon, itzt erscheinet der Plan der Schöpfung in seiner Größe, wenn alles voll von Leben, von Kräften, von Trieb und Pflichten ist, deren Wirkung nicht auf ein Einziges,

sondern

sondern auf das Ganze abzielet, und wo auf dem
kleinsten Theile das Wohl des Ganzen beruhet.
Nicht bloß Sterne halten Sterne empor. Ein
Staub ist gleichfals in den Schalen des Gleich-
gewichts gezählet, und wenn die Sonne ihre
Strålen an eine Mücke austheilet; so hilft diese
wiederum den Körper der Sonne tragen.

Solchergestalt hångt Alles von Einem Einzi-
gen, und Ein Einziges wieder von Allem ab. Das
Beste des Ganzen ist in einer Kette vereinet, wor-
an Würmer eins der großen Glieder ausmachen.
Wird Philadon izt noch fragen: für wen ein
Sperling falle?

Was seh' ich dort? ein Geschöpf erhebt sich,
das mit einem dunklen Glase sein kurzsichtiges Auge schärfet und mit gebietrischem Blicke nach allen
Seiten umherschauend, spricht: "So weit die
" Natur reichet, ist alles mein. Für mich sind
" jene Lichter hinter der Milchstraße in diese dunk-
" le

„ le Ferne gestellt. Für mich drehet sich die Er-
„ de! Für mich erheben sich Stürme! Für mich
„ ist alles erschaffen, vom Engel an bis zum
„ Wurme! Ich allein gehe durch die Vernunft
„ in die Ewigkeit ein.

Aufgeblasene Creatur! wer bist du? Was ist dein — — — der Raum, welchen du unter den übrigen Theilen ausfüllest; der Zusammenhang, worin dein Leben und deine Hoffnung hier mit dem Ganzen stehet; bist du vernünftig stolz: so sage nur: Das ist mein!

Wie klein ist der Kreis, welchen du übersehen kanst. Wenn alles für dich erschaffen ist; so stehet das meiste vergeblich, und der Vorsehung Güte für Millionen wird aufgehoben. O schweige — sonst belacht dich ein Wurm. Die kleine Blumenknospe, des Waldes Einsiedlerin, deren Wuchs du niemalen siehest, soll diese deinentwegen den Nutzen ihres Wesens verlieren? Nein!

eine

eine Biene hat auch einen Schöpfer, der für ihr Wohl so zärtlich, als für das deinige sorget. Macht das Vergrößerungs-Glas deinen Hochmuth etwa reicher? So suche das Leben auf, das in Erde, Luft, Feuer und Waßer verborgen ist; suche das Thier, welches auf einem Staube neue Welten entdecket, und denke nach, ob sich dieses Thier für dich dort aufhalte.

Nein Monarch der Geschöpfe, verkürze hier deinen Scepter. Du, dessen Schlüsse nur Muthmaaßungen —— —— der du so seichte von Gott, von der Welt und von dir selber denkest —— —— Träumer! wie darfst du dir einbilden, ein Mittelpunkt alles Erschaffenen zu seyn? Solch ein thörigtes Vorurtheil macht die Natur zu einer Wüste. Ihr gröster Theil bleibt leer und ihre Schrancken werden enge. Das Labyrinth der Vorsehung hat sonst schon dunckle Gänge; Allein wenn alles auf dich abzielt, so wird es ganz finster.

Wo

Wo blieb die Lerche, welche durch süßer Töne Klang meinen Philadon zu den Wundern der Morgenröthe einlud? der muntere Wächter, der durch seinen Gesang aus der Höhe der Luft die Geschöpfe zur Andacht erweckte. Sie stieg gen Himmel und brannte vom Lobe für Ihn, der den zarten trillernden Hals gebauet hatte; und eben, da sie ihre Loblieder, ihre Morgen-Psalmen spielte, ward sie — o Philadon! — — — — sie ward ein Raub des Falken. Warum seufzest du? — Ist ein Seufzer hier philosophisch? Soll die Lerche niemalen sterben? Soll der Falke nicht leben? Würde die Ordnung in der Welt größer, wenn nirgend ein Raubthier blieb? bedenke dich, du, der du selbst das gröste Raubthier bist. Noch mehr! wenn alles Leben hat, und sich vom Leben nähret; welcher Unterscheid ist denn zwischen einem Raubthier und einem Andern? Ist der Tod nur eine Veränderung der Gestalt; so ist ja jedes Dinges Tod nur ein fortdaurendes Werde.

Erst

Erst dann, wenn alles nicht bloß für einen Einzigen da ist, bleibt das Gesetz der Ordnung sich in allen Stücken gleich — Du merkest ohne Zweifel den Fehler deines Vorurtheils. Wenn du und der Falke Lerchen essen; so ißt die Lerche den Wurm, und der Wurm den Falken und dich. Ja! die Welt ist Gottes Stadt. Hier hat der geringste Bürger zum Leben und zum möglichsten Glücke mit dir ein gleiches Recht. Zwar hast du einen größeren Rang, aber dieser kann das Gesetz nicht verrücken, dessen großer Befehl das Beste des Ganzen ist. Hier ist alles in einander verknüpft, und diese Kette macht, daß in der Welt der Theile kleinster zur Verknüpfung aller dienet, daß Weisheit, Kunst und Macht das Ganze mehr aufkläret, — und Gott größer, weiser und gütiger wird, denn zuvor.

Werde wieder klug und schweige, aufgeblasener Unverstand, du, der du zum Gipfel des Hochmuths auf Muthmaaßungen hinankletterst, die

die Welt Stückweise siehest, alles bestimst, und alles erdichtest, und ehe du das Land spähen kanst, schon eine Charte davon zeichnest; Ist es Wunder, daß dir das Werck Gottes oft dunkel wird, der du nicht alles, ja nicht einmal das meiste siehest. Aber höre: solte der, welcher das Beste weiß, will und kann, nicht das Beste machen? — — Kriechender Wurm, darfst du Gott erniedrigen?

Siehe Philadon! hier einen flüchtigen Blick in alle die Herrlichkeit, welche in dem Bezirke der Schöpfung liegt! einen ohnmächtigen Versuch, einen Flug mit schwachen Flügeln, deren zarter Nerven-Kraft bald schlaff wird. Meine Muse zeigte nur einen Blick von der Pracht der Welt. Erfahrung, Witz und Tugend kann die Aussichten erweitern. Den wisse, das Werk der Allmacht hat in dem wenigsten mehr, als jener Ohnmacht von dem Meisten gesagt.

Ich sehe das große All! o wo bleibst du da? Wenn der Kreis der Sonnen nur ein Punkt von diesem Ganzen; unsere Erde nur ein Punkt von ihm; und du —— o! wer kann solch einen Punkt theilen —— Nein, nun verschwindet Philadon für mich.

Gleichwohl bist du kleines Wesen hier; ja bist hier zu größerer Hoffnung, zu ewigen Absichten, zum Wohl deiner selbst und der Welt. Bist der Gegenstand von den Pflichten vieler, zwar elend wie ein Wurm, aber doch, wie ein Engel geliebt.

Kennst du auch die Ursache, welche dich zuerst zum Bürger der Welt bestimte? War etwa Er, dein Schöpfer, um Bewohner der Welt, um dich — verlegen? O nein! Bey dem bloßen Gedanken von der Möglichkeit der Welt fand er in sich gnug. Die Engel wissen keinen andern Grund ihres Daseyns, als den, der auch von dem Wurme gilt, und du findest bey der

Sonne denselbigen Grund, welcher dich mit Seraphinen verbindet, er ist — o Philadon! — — die bloße Liebe.

Wachs' also aufs neue, kleine, hinter einem Punkte versteckte Creatur, und steige zum Rang der Engel. Zog die Liebe dich aus dem Nichts hervor, und bestimte, ehe noch Engel da waren, den Zweck deines Seyns; wie groß wirst du, mein Freund, da die Liebe, aus einer Menge von Möglichkeiten, dich, als das bequemste wählte, in der Länge der Schöpfungs Kette einen Raum auszufüllen, und da ohne dich, die Welt nicht die Beste war.

Wie sicher wird deine Hoffnung! — — Ja laß ihre Aussicht frey, jenseit der Gränzen dieser Zeit hinaus reichen. —— Kann wohl die Liebe ihre Wahl ihre freye Wahl vergessen? — — Nein in dem Buche der Ewigkeit stehet unter den vielen Namen auch der deinige geschrieben.

Wie

Wie heilig wird deine Pflicht, wenn du nicht bloß da bist, sondern auch voller Lust, voller Hoffnung und Fähigkeit bist, glücklich zu werden. Müssen da nicht Hoffnung und Glück deine Seele zu Dem treiben, der dein und aller Glück will?

Siehe hier eine Pyramide von Geschöpfen sich empor heben, welche alle, Hand in Hand ihrem Ursprung entgegen eilen, Ihm, dem ersten Ihm, dem Freunde der Geschöpfe, welcher, so weit Wesen reichen, von der Spitze auf alle herablächelt. Kom Philadon, kom mit mir, steige durch Heiligkeit hinauf zu deinem Urbilde, dem Heiligsten, dem Grösten, dem großen All in Allem, dem Letzten und dem Ersten, deinem Lichte, deinem Leben, deiner Sonne, deinem Gott, deiner Seeligkeit.

Hier sank mein Geist ohnmächtig hin! Höre, jetzt singen Engel und von den Tönen des Engel-Chores geben Welten den Wiederhall. Ja vor den Thron des Unerschaffenen knien Götter nieder und singen: "Heilig, groß und weise und gut bist Du, Du alles Erschaffenen Ursache, Erhalter, Leben und Freund. Nicht bloß der Engel Gott, sondern auch der Milben Vater, der Cherubim nähret, und keinen Wurm verläßt, Dir sey abermal Heil und Lob und Preis.

Imprimatur in fidem Protocolli,

J. ERICHSEN.

Gedruckt in Soröe bey Jonas Lindgren, der Ritterlichen Academie Buchdrucker.